『初めにことばがあった
ことばは神であった』

ヨハネの福音書1:1

初めに「ことば」があった
「ことば」は神とともにあった
「ことば」は神であった。

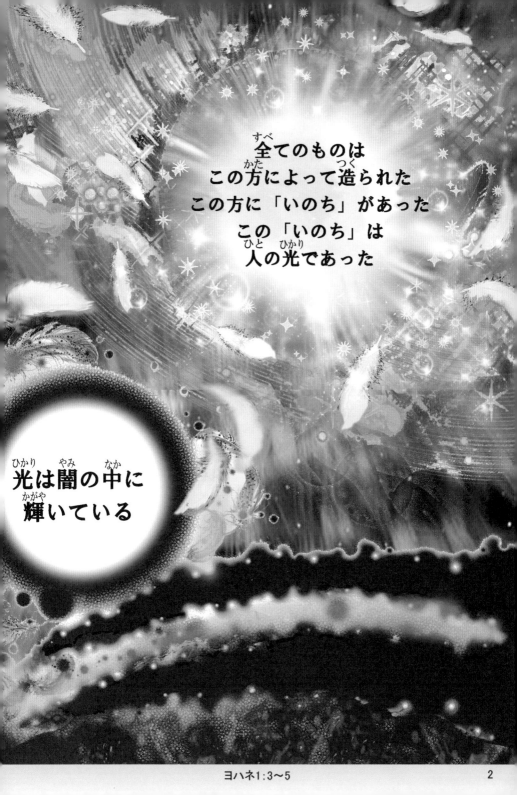

全てのものは
この方によって造られた
この方に「いのち」があった
この「いのち」は
人の光であった

光は闇の中に
輝いている

闇はこれに打ち勝たなかった

この方によって
世界は造られたのに
世はこの方を
知らなかった

この方は
ご自分の国に来られたのに
ご自分の民は
受け入れなかった

しかし、
その名を信じた人々には
神の子供とされる
特権をお与えになった。

「ことば」は
人（ひと）となって
私（わたし）たちの間（あいだ）に
住（す）まわれた

洗礼者ヨハネ
「ヨルダン川」

洗礼者
ヨハネだ

・・・・・
・・・・・！！

私は
水でバプテスマを
授けているが

私のあとから
来られる方がいます
私はこの方の
くつのひもを解く
値打ちもありません

ハッ

「私の後から来る人」とは
この方のことです
この方がイスラエルに
明らかにされるために
私は水でバプテスマを授けています

「聖霊がハトのように天から下って」
この方にとどまるのを私は見た

この方こそ「聖霊」によって
バプテスマを授ける方です

おおお
・・・

私はそれを見た
それでこの方が
神の子であると
証言しているのです

見よ
「神の子羊」だ

翌日

それを聞いた2人の
弟子はイエスに
ついて行った

行って
みよう

・・・・
・・・・

先生は
今どこに
お泊りですか

来なさい
そうすれば
わかります

2人はその日
イエスと一緒に
過ごした

ヨハネ1:36〜39

カナの婚礼での
最初の奇跡

ガリラヤの
カナで先生の
知人の婚礼が
あるんですね

婚礼に
出席する約束を
母としている

おお イエス
待って
ましたよ!

イエスの母
マリア

ヨハネ2：1〜3

カナでの出来事の後
過越の祭が近かったので
イエスと弟子たちは
エルサレムに上られた

ザワ
ワ

私の父の家を
商売の家に
するとは
何ごとだ！！

あなたがここまで
するからには
あなたの権威の
証拠を見せてみろ!!!

オオオオオオッ

この宮である神殿を壊してみなさい
私は３日で建て直してみせよう

・・・・・

この神殿は建てるのに46年かかったのに…
それをあなたは3日で建て直すというのか…!!

イエスは ご自分の身体の神殿のことを言ったのである
弟子たちは、イエスが死んで蘇った時に 聖書とイエスが言った言葉を信じた

イエスはその後
多くの奇跡を行った
イエスが病人に触るだけで
病が癒され
目が見えない人が
見えるようになり
歩けない人が
歩けるようになった

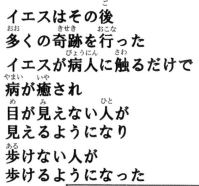

ユダヤ人の議会の
議員で「ニコデモ」
という人がいた

先生あなたは
神のもとから
来られた
教師だと
知っています

そうでなければ
このような
奇跡はだれも
行えません!!

「神は実にそのひとり子を
お与えになったほどに
世を愛された
それは御子を信じる者が
ひとりとして滅びることなく
永遠のいのちを持つため」
御子を信じる者は裁かれない
信じない者は
すでに裁かれている

その裁きというのはこうだ
光が世に来ているのに
人々は光よりも闇を愛した
その行いが悪かったので
悪い事をする者は光を憎む

悪い行いが明るみに
出ることを恐れて光の方に
　　　　　来ない
しかし真理を行う者は
　　　　光の方に来る
神にあってなされたことが
　　明らかになるためだ

……
……

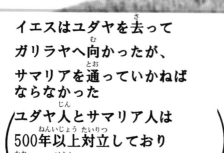

イエスはユダヤを去って
ガリラヤへ向かったが、
サマリアを通っていかねば
ならなかった
ユダヤ人とサマリア人は
500年以上対立しており
彼らが話をすることはなかった

地中海

ガリラヤ

コラジン
カファルナウム ベトサイダ
カナ マグダラ ガリラヤ湖
ティベリアス
ナザレ タボル山
ナイン

サマリア

サマリア
シカル
ヨルダン川

サマリアの地方 シカル

先生
食べ物を買いに
町へ行って
きます

29

ヨハネ4:3〜6

ユダヤ人のあなたが
サマリアの女の私に
「水をくれ」と
頼むのかい？

もし私が神の賜物を
知っていて
わたしが誰かを
分かっていたら

あなたから
「命の水」が
欲しいと私に
頼むはずです

先生　あなたは汲むものを
持っていないのにどうやって
この深い井戸から
「命の水」を手に入れる
つもりなの？

先生は私たちの先祖ヤコブより
偉いの？　先祖ヤコブは私たちに
この井戸を与えてくれ
彼の子供も家畜もこの井戸の
水から飲んだのよ

この井戸の
水を飲む者は
また
渇きますが
わたしが与える水を飲む者は
もう決して渇くことはない

わたしが与えた水は
その人のうちで
泉となり
「永遠のいのち」への
水がわき出します

でしたら
先生
「その水」を
私に下さい

・・・では
あなたの夫を
ここに連れて
来なさい

私には
夫は
いません
・・・・

ソワ
ソワ

たしかにあなたには
夫はいない
今まで5人の男と
結婚して、今、
一緒にいる男とは
結婚していない

先生あなたは
預言者なのですね!

でしたら
教えて下さい

私たちは先祖の
時代からここで
礼拝していますが
ユダヤ人たちは
エルサレムで
礼拝しています

どちらが
正しいか
教えて
下さい

場所は関係なく
本当の礼拝者たちは
「霊とまこと」によって
神を礼拝する
今がその時です

「神は霊」
なのだから
「霊とまこと」
をもって
神を礼拝
するのです

ヨハネ 4：15〜24

32

私は「救い主(メシア)」が
来ることを知ってます
その方が来たら
全てのことを私達に
知らせて下さる
はずです。

あなたと 話している
この私が「救い主
(メシア)」です

先生——
食べ物を買って
来ましたよ

？

ユダヤ人と敵対しているサマリヤ人が先生と話していたなんて不思議だ‥‥

なんだなんだ

みんな聞いておくれ私がしたすべてのことを言い当てた人がいるんだよ——

メシア「救い主」だよ

メシア救い主が来られたんだ!!

みんな——こっちだよ

先生——

ドド ドッ

ヨハネ 4：39〜42

その後　イエスは再び
ガリラヤのカナに行った
水をぶどう酒に変えた
最初の奇跡を現した町である

先生——!!

うわっ‥‥
ローマ兵だ!!

ヨハネ4：47〜50

あなたの息子[むすこ]はいやされました

息子[むすこ]がいやされたわかりました信[しん]じます！

戻[もど]るぞ

はい

翌[よく]日[じつ]

ご主人様[しゅじんさま]——っ

!!

おお！！私[わたし]の僕[しもべ]がやって来[き]たのか

ご子息は回復されました

おおっ!!
いつ回復したのだ

昨日の午後7時に熱が下がりました

!!

おおお!!

それはイエスが「息子は　いやされました」と言った時刻と同じだった

主よ!!
感謝します

このことで彼とその家族は皆イエスを信じたイエスが2回目になさった奇跡である

その後 イエスは
エルサレムに上られた

羊の門の近くにある
回廊のベテスダの池だ‥‥
おびただしい数の
病人が横たわっている！

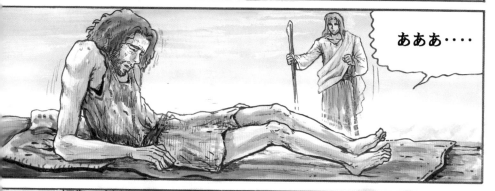

もちろんです
でも私は38年
寝たきりで病を
治すといわれている
この池の水に私を
入れてくれる人は
いません

さあ起きて
床をたたんで
行きなさい

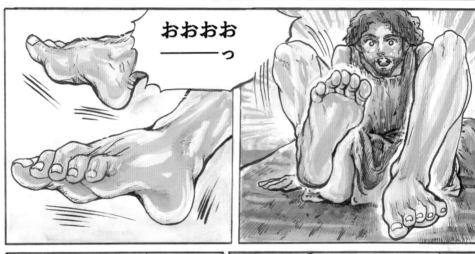

おおおお
————っ

歩ける‼

また「ことば」で
病をいやされた

やったーっ—— 不自由からの解放だ——

今日は安息日なのに床をかついでいるとは!!

床を上げてはいけない律法違反だ!!

私を治した方が床をとって歩けと言ったんです

その人はだれだ？

えっ

・・・・ だれだったんだ？

その後

フン フン

あっ あなたは・・・・

あなたは良くなった もう以前のような罪をしないようになさい でないともっと悪い事がおきる

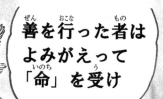

善を行った者は
よみがえって
「命」を受け

悪を
行った者は
よみがえって
「裁き」を
受けるのです

天の父が私に
成し遂げさせ
ようとして
お与えになった業

すなわち
私が行っている
業そのものが

天の父が私を
遣わしたことを
証言しています
あなたがたは聖書の中に
「永遠の命」があると
思っているので
聖書を調べてますが

その聖書が
私について
証言しています

ヨハネ5:46

ヨハネ 6:11

オオオオオオ‥‥‥

ワーッ

人々はイエスを王にしよう
としたので 一人寂しい
山の中へ退いて行った

カペナウムに
行きたいのに
この強風では!

ヨハネ 6:16〜19

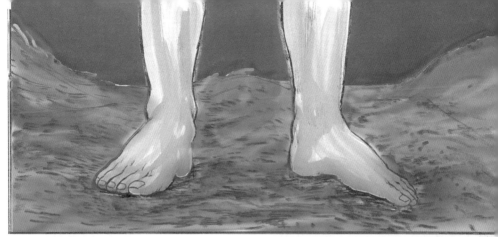

ゆうれいか？

じゃなくて‥
イエス様!!

私(わたし)だ
恐(おそ)れる
事(こと)はない

ヨハネ6：19〜20

主<ruby>よ<rt>しゅ</rt></ruby>‥‥

イエスを<ruby>迎<rt>むか</rt></ruby>えた<ruby>船<rt>ふね</rt></ruby>は
すぐに<ruby>目的地<rt>もくてきち</rt></ruby>に<ruby>着<rt>つ</rt></ruby>いた

その翌日群衆は
イエスを捜して
カペナウムに来た

あなた方が私を
捜しているのは
パンを食べて
満足したからです

「永遠の命」に至る
食物のために働きなさい
それこそが私があなた
方に与えるものです

神を遣わした者を
信じることが
神の業です

イエスはガリラヤを
巡っておられた

ユダヤ人たちが
イエスを殺そうと
していたので
ユダヤには入ろうと
しなかった

おいイエス
もうすぐ仮庵の祭りが
あるのに こんな所に
隠れてないで
自分を世に現しなよ

イエスの兄弟である
オレ達もイエスが
救い主とは
思ってないがな

・・・・

私の時は
まだ来て
いません

世は私を憎んでいます
私が世について
その行いが悪いと
証しするからです

・・・・

イエスは内密に
祭に上って行かれた

おい イエスを
見たか?

イヤ
見てない

あの方は
良い人だ

ちがう群衆を
まどわしてる
だけだ

またイエスが
教えてるぞ…

この人は正規に学んで
ないのになぜこんなに
学問があるのだ
ろうか…?

ヨハネ7:22～32

それを聞いた祭司長
パリサイ人たちは
イエスを捕らえるため
役人たちを遣わした

祭りの日の終わりの
大いなる日に
イエスは言われた

だれでも 渇いているなら
私のもとに来て飲みなさい
私を信じる者は心の奥底
から「行ける水の川」が
流れ出るようになる!

これは
信じる者が
後に受ける
御霊の
事である

朝早くイエスは
宮で教え始めた

来い！！
こっちだ

ドッ‼

ヨハネ8：2〜3

先生‼さあ
答えて
くださいください

ビクッ

イエスが女を許せば
モーセの律法を
破ることになる‼

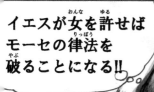

あなた方のうちで
罪のない者が
最初に彼女に
石を投げなさい

・・・・!!

!!

ううっ

・・・・・

娘よ あなたを
罪に定める者は
誰もいなかった
のですか

はい主よ
誰も
いません
でした

ヨハネ8:11〜12

　　　　　　　　ヨハネ8：33〜36

あなた方は
あなた方の父である
悪魔から出た
のであって
父の欲望を
成し遂げたいと
願っているのです

悪魔は最初から人殺し
であり真理に立って
いません

なぜなら彼は
偽り者であり
偽りの父だから
です

私が真理を
話しているなら
なぜ信じないの
ですか

それはあなた方が
神から出たもので
ないからです

！！

まことに
まことに
あなた方に
告げます

私のことばを
守るなら
決して
死なない!!

あなたは悪魔に
憑かれている！

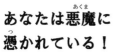

あなたのことばを
守るなら
「死を味わう
ことはない」
と言うのか!!

アブラハムは
死んだし！
預言者たちも
皆死んだんだぞ！

ヨハネ8:58〜59

彼が罪を
犯したのでも
両親でもありません
神の業が
現れるためです

・・・・・・・・・・

ヨハネ9:6〜7

お前の目は
どの様にして
見えるように
なった

目をいやした人は
安息日を守らない
から神から出た者
ではない

そんなはず
あるものか

……

神の人に
ちがいない

何を言っている
罪びとが奇跡を
行うことは
できない

神は罪びとの
いうことは
お聞きに
なりません

神を敬い神の
みこころを行うなら
神はその人の言う
ことを聞いて下さると
私たちは知っています

!!

!!

……!!
お前は罪人の
くせに私たちに
教えるのか
外に追い出せ!!

生まれつきの
盲目の者の目を
いやした人が
いると聞いた
ことは
ありません

お前をユダヤの
会堂から追放
する!

わっ

ユダヤの社会では追放されると
生活ができなくなる。
イエスは彼がユダヤの社会から
追放されたと聞いて彼を見つけ出した

あなたは
人の子を
信じますか?

主よ、その方は
どなたですか?
その方を信じ
たいのですが

あなたと話している
のが「それです」

私は羊の門です
誰でも私を通って
入るなら救われます

盗人が来るのは ただ盗んだり
殺したり滅ぼしたりするだけのため
私が来たのは羊が命を得
それを豊かに持つためです

私は良い牧者です
良い牧者は羊のために
命を捨てます

雇人は狼が来ると
逃げて行きます
狼は羊を奪い
また散らすのです

私が自分の命を再び得るために
自分の命を捨てるからこそ
天の父は私を愛して下さいます

私は自分から命を捨てるのです
捨てる権威があり
それをもう一度得る権威があります
「この命令を父から受けたのです」

ヨハネ 10：19〜28

「天の父は
全てに勝って
偉大な方です」

『私と父とは
一つです』

こんなやつは
石打ちに
してしまえ

聞いて
いられない

ベタニアの、マリアと
マルタの弟、ラザロが
重い病にかかっていた

おお
ラザロ…

どんどん
弱っていくわ

イエス様を
呼んできて

はい

イエス
さま

あなたが愛して
いるラザロが
病気です

この病気は死で終る
ものではなく
「神の栄光」が現れる
ためのものです

神の子がそれに
よって栄光を受ける
ためです

……

イエスは
マルタとその姉妹、
そしてラザロを
愛しておられた

ラザロが病気だと
聞いてからもなお
2日間同じ場所に
とどまられた

もう一度
ユダヤに
行こう

先生!先日ユダヤ人
たちがあなたを石打ち
にして殺そうとした
のに行かれるの
ですか!!

昼間歩けば
つまづくことはない
この世の光を
見ているからだ…

ラザロは
眠っている
私は彼を
起こしに行く

私の友人
ラザロは
「死んだのだ」

さあ
彼のところへ
行こう

!!

ヨハネ11:7〜14

ヨハネ11：25〜28

うっうっ…

ラザロを
どこへ置き
ましたか

……

盲目の目を開けた
この方がラザロを
死なないように
出来なかったのか？

……

ラザロよ
出て来なさい

ヨハネ11:43

このことを通して
多くのユダヤ人は
神がイエスをお遣わ
しになったと信じた

我々は一体
何をして
いるのか!!

あの男は多くの奇跡を
行っている このまま
では全ての人がイエスを
信じてしまうではないか

そして
ローマ人が来て
我々の神殿も国民も
奪い取られてしまう
だろう

その日からイエス
を殺そうと計画し

祭司長と律法学者たちは
イエスを知っている者は
届け出よと命令を出した

なぜその香油を
売って貧しい
人に施さ
なかったのか

． ． ． ．

！！

おい
ユダ…

ユダは盗人であって金入れを
預かっていたがそこから
盗んでいたのである

マリアのする
ままにさせて
おきなさい
私の葬りのために
したのだから

ホサナ
祝福あれ
主の御名に
よって
来られる方に

イスラエルの
王に！！

見よ あなたの王が
来られる ロバの子に
乗って ゼカリア9:9

ラザロを死人の
中から蘇らせたと
聞いた群衆は
イエスを出迎えた

ヨハネ12：20〜22

人の子が
栄光を受ける
時が来ました

一粒の麦がもし地に
落ちて死ななければ
それは一つのままです
もし死ねば豊かな
実を結びます

自分の命を愛する
者はそれを失い
もし死ねば豊かな
実を結びます

この天からの
声が聞こえたのは
あなた方のためです

この世が裁かれる時
今この世の支配者は
追い出される

自分がどのように
死んで神の栄光を
現すかを示して
言われたのである

しばらくの間
光はあなた方の間に
あります 光があるうちに
歩きなさい

光の子と
なるために
「光を信じなさい」

ヨハネ 12：30〜36

120

……‥…

彼らは
イエスを信じなかった

イエスは
これらのことを
話すと
立ち去って行った

えっ!

!!

わたしを信じる者は
わたしを遣わした方を
信じるのです

私を見る者は
私を遣わした方を
見るのです

過越しの祭りの前
イエス・キリスト
最後の晩餐

悪魔はすでに
イスカリオテ・ユダの心に
イエスを売ろうとする
思いを入れていた

ヨハネ13：1〜2

先生？

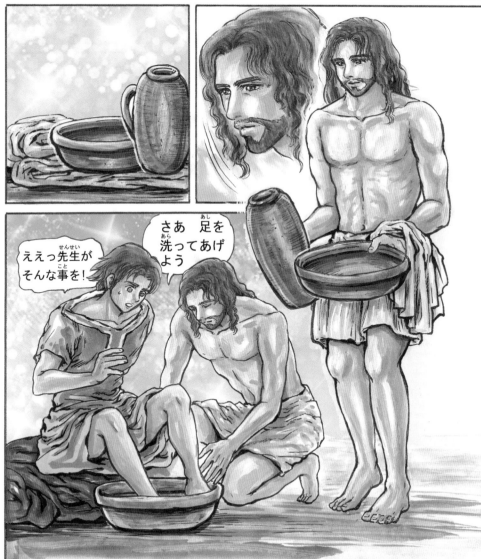

さあ　足を
洗ってあげ
よう

ええっ先生が
そんな事を！

私が行く所へ
あなたは今は
ついてこれ
ません

主よどこに
行かれるの
ですか?

主よなぜついて
行けないのですか?
あなたのためなら
命を捨てます!

ペテロ　あなたに
告げます　鶏が鳴く
までにあなたは3度
私を知らないと
言います

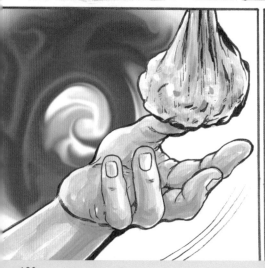

ヨハネ14:6〜9

その日には
私があなた方の
内にいる事が
あなた方に
分かります

私を愛する人は
私の父に愛され
私もその人を愛し
私自身をその人に
現します

私を愛する人は
「私のことば」を守ります
そうすれば私と父は
その人の所へ行き
その人と共に住みます

天の父が私の名によって
お遣わしになる聖霊が
あなた方に全ての事を教え
私が話した全ての事を
思い起こさせて下さいます

「私は去っていくが
またあなた方の所へ
戻って来る」
と言ったのを
あなた方は 聞いた

もはやあなた方と
多くを語るまい
この世の支配者が
来るからです

私は誠のぶどうの木です
私の父は農夫です
私の枝で実を結ばない者は
みな天の父がそれを取り除
かれるが実を結ぶ者はみな
さらに多くの実を結ぶために
刈り込みをされます

ぶどうの枝が木に
ついてなければ自分では
実を結ぶ事は出来ない
同じようにあなた方も
私につながっていなければ
実を結ぶことは
出来ません

私のことばがあなた方に
とどまるなら望むものを
何でも願いなさい
そうすれば与えられます

私の戒めを守るなら
私の愛の中にとどまって
いる事になります。

私があなた方を
愛したように
あなた方も互いに
愛し合うこと
これが私の戒めです

人が友のために
命を捨てること
これ以上に
大きな愛はない
私の命じることを
行うならば
あなた方は私の友です

私はあなた方を
僕とは呼ばない
僕は主人のすることを
知らないからです

あなた方が私を
選んだのではない
私があなた方を選び
あなた方を
任命したのです。

それは　あなた方が実を結び
実が残るためです

私が天の父から遣わす助け主
真理の御霊が来る時
私について証しします
あなた方も証しをするのです

私がこれらの事を
あなた方に話したのは
「その時がくれば」私が
語ったことをあなた方に
思い出させるため

「私が去って行く事」は
あなた方にとって
益なのです

私が助け主を
あなた方に遣わします
義について
また裁きについて
世の誤りを認めさせます

罪についてと
いうのは彼らが
私を信じない
からです

義についてとは 私が父のもとへ行き
もはや私を見なくなるからです

裁きについてとは
この世を支配するものが
裁かれたからです

「真理の御霊が来ると」
あなた方を全ての
真理に導き入れます

御霊は私の栄光を現します
私のものを受けて
あなた方に告げるからです

女性が子供を産む時は苦しみます
しかし産んでしまうと人が世に
産まれた喜びのために激しい
苦痛を忘れます

あなた方にも今は
悲しみがあるが私はもう一度
あなた方に会います
そうすれば喜びに満たされ
その喜びはだれも奪い取れません

あなた方は今まで
私の名によって何も願わなかった

求めなさい
そうすれば与えられ
あなた方は喜びで
満たされる

ヨハネ 16：28〜33

ヨハネ 17：5〜10

彼らの内 誰も滅びた者はなく ただ滅びの子が滅びました それは聖書が成就するためです 私がお願いするのは悪い者から守って下さる事です

真理によって彼らを聖なる者として下さい「御言葉は真理です」

天の父が私を世に遣わされたように 私も彼らを世に遣わしました 彼らのことばによって私を信じる人々のためにもお願いします 彼らがみな一つとなるためです

みことば

ことばは神であった（ヨハネの福音書1：1）

この人たちは
去らせなさい

「ただの一人も失いません
でした」と イエスが
言われた「ことば」が
実現するためであった

ぐっうっ!!

うわっ!!

剣をさやに
おさめなさい

先生っ

うううっ…

えっ!!

ああ
……

大祭司の所へ
入ったぞ……

大祭司に向かって
なんという口の
きき方だ!!

私の言葉に間違いが
あるのならそれを
証明しなさい

だが正しい事を
言ったのならなぜ
私を打つのか

話にならん!!
カヤパの所へ
連れて行け!!

はい

ヨハネ 18：25〜26

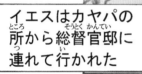

イエスはカヤパの
所から総督官邸に
連れて行かれた

ポンテオ・ピラト
総督

あなた方は
どういう罪で
この人を訴えるのか?

この男が悪い事を
していなかったなら
あなたに引き渡しは
しなかったでしょう

お前達が
自分達の
律法に従って
裁けばよい
ではないか!!

私達には人を
死刑にする
権限が
ありません

私はあの男には
罪を認めない

しかし過越の祭り
には誰か一人の
囚人を釈放する
習わしがある

あのユダヤ人の
王を釈放して
欲しいのか……

わははは・・・・

ユダヤ人の王様バンザイ！！

バシッッ

ぺっ

……

イエスを連れて来ました

私達には
律法があります

この人は自分を
神の子と自称したから
律法によれば
死罪になります

……

その男を
官邸に入れろ

あなたはどこ
から来たのか?

答えないのか
私はあなたを
釈放する
権威があり
そして

十字架に
つける権威が
あるのだぞ

神から与えられ
なければ
私に対し何の権威も
ないはずです

だから
私をあなたに
引き渡した者の
罪はもっと重い

……

ピラト
総督
そうとく

もしこの男を釈放
おとこ しゃくほう
するならあなたは
皇帝の友ではない
こうてい とも
王と自称する者は
おう じしょう もの
全て皇帝に背く者
すべ そむ

………

この男の
罪状書きだ
十字架につける
ために引き渡す

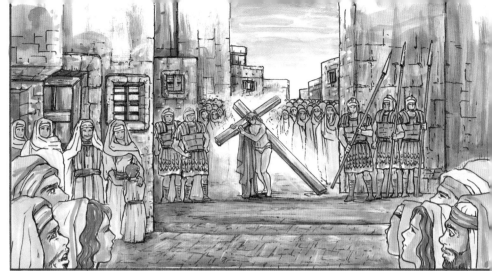

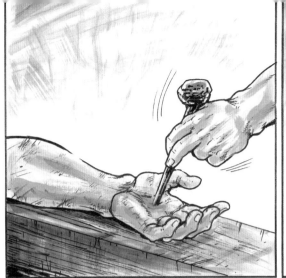

ヨハネ 19：18

ナザレのイエス
ユダヤ人の王

ユダヤ人の王だと！！
まるで称号では
ないか

総督　あの男は
「ユダヤ人の王と
自称した」と
書いて下さい

私が書いたものは
書いたままに
しておけ

‥‥‼

………

ああっ
イエス!!

イエスの母マリア

マグダラのマリア

ヨハネ…

先生…

そこにあなたの
母がいます
…………

はい 先生

その時からヨハネは
イエスの母を自分の
家に引き取った

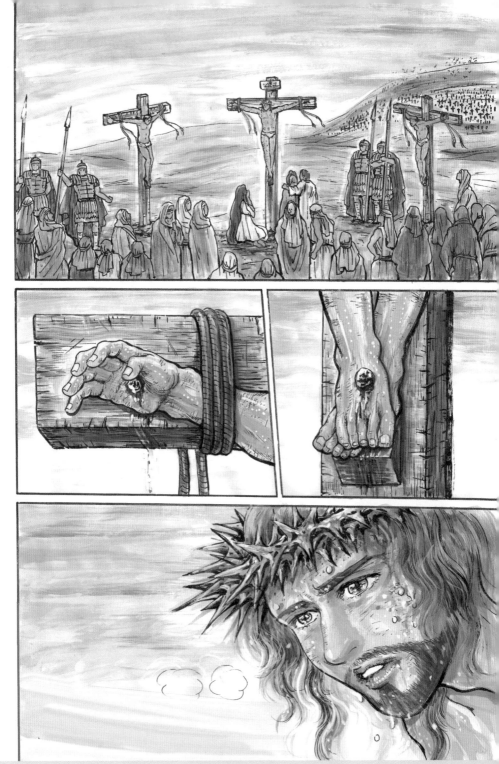

私は
渇く
……

そら 酸い
ぶどう酒だ
飲め

全てが
完了した

過越しの祭りの前に囚人のスネを折って息ができないようにして早く仕事を終らせよう

ぐっ

ん？

すでに死んでる スネを折る必要はないな

いや本当に死んでるか確かめよう

「血と水」が出た
死んでいるな

ヨハネ19:34

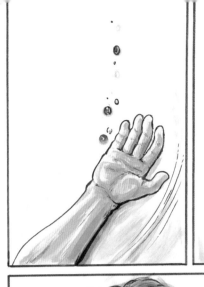
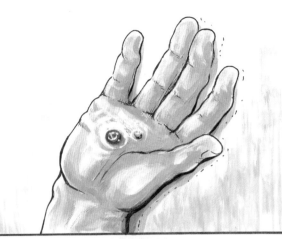

それを目撃した者が
証しており
その証は真実である

ヨハネ　没薬と香料を持って来た…イエス様のご遺体にぬろう…

ニコデモさん…

三日目の朝

マグダラの
マリア…

イエス様のご遺体に
香油をぬろうと墓に
行ったら

墓石が取りのけられて
いました…
だれかが墓から主を
取り去られました

そんな
バカな!

ヨハネ!
墓の中はどう
なっている!?

本当だイエス様の
ご遺体がない…

……

イエスは必ず死者の
中から復活されるという
「聖書のことば」を彼らは
まだ理解していなかった

マリア　先に
帰っているよ
……

うう
……

婦人よ なぜ
泣いているの
ですか

私の主が
取り去られ
ました

私の兄弟達の所へ行って
「私の神 またあなた方の神
である方の所へ私は上る」
と告げなさい

マグダラのマリアは
弟子達の所へ行って
「私は主を見ました」と告げ
主が言った事を弟子達に
伝えたが誰も信じなかった

週の初めの日の夕方
弟子達はユダヤ人を恐れて
家の戸に鍵をかけていたが
イエスが来られた

平安が
あなた方に
あるように

えええええっ
イエス様─!!

十二弟子の一人である
トマスはイエスが
来られた時　その場所に
いなかった

主を見ただと？
何を言って
るんだ

私はあの方の手に
釘の跡を見て　この指を
手の釘跡に差し入れ　また
私の手をそのわきに
差し入れなければ決して
信じない

それから
8日後

トマス
あなたの指を
ここに差し入れて
みなさい

私の主
私の神よ！

ヨハネ 20 : 29

その後
ガリラヤ湖にて

……

あれからまた
元の生活に戻って
しまった

イエス様と共に
過ごしたあの
日々はもう戻って
こないんだ
なぁ…

よしっオレは
漁に行く

私達も一緒に
行くよ

夜通し働いたが
何もとれなかった
………

………

おーい

子供達よ
舟の右側に網を
おろしなさい
そうすればとれ
ます

私の羊の世話を
しなさい※

シモン ペテロ
私を愛して
いるか？

はい主よ 私があなた
を愛していることは
あなたがご存知です

私の羊の
世話をしなさい

シモン ペテロ

ヨハネ21：18〜20

私が再び来る時まで彼が生きていることを私が望んだとしてもあなたに関係はありません あなたは私に従いなさい

これらの事について
証しをし これを
書いたのは
この弟子
ヨハネである

ヨハネの福音書

完

<イエス・キリスト>
今から2000年前、イエスは天地を創られた
神の子キリストとして中東のイスラエルで
処女マリヤからお生まれになりました。
イエスは、30才から救い主キリストとして
天の御国について語り始め、十字架刑で
処刑される33才まで、罪から救われる福音を
語り続けました。イエスは、全人類の罪を
背負われ十字架刑で処刑され死にましたが、
三日目の早朝に墓からよみがえり、イエスの
弟子を含めた400人以上の人々の前に現れて、
ご自身が神の子キリストであることを
証明し、イエスを神の子キリストと
信じる者は罪で滅びないという、救いの
福音の完成を伝え、40日目に弟子たちが
見ている間に天に上げられました。

<悪魔・悪霊>
天地を創られた神は、神と人とに仕える霊と
して天使たちを造られましたが、その中の天
使長ルシファーは、自分に与えられた栄光と
力と美しさに誘惑されて神の様になりたいと
考え悪魔となり、天使たちの三分の一は悪魔
に従い悪霊となり、天から地に落とされました。
悪魔は、神の似姿として創られた人間アダム
とエバを誘惑し、エデンの園にある神が禁じた
木の実を食べさせ、その神を裏切った罪によ
り人間を神の支配から悪魔の支配に移し、悪
魔と悪霊は人間たちの神々となりました。

<三位一体>
天の父と御子イエス・キリストと聖霊なる
神は、天地万物を創造した方として一体で、
人間をご自身の似姿として造られました。
この神が、神と人とが共に住む御国計画を、
聖書を通して人間に啓示しました。
父、御子、御霊なる神を信じる人は、
死と悪魔の支配から救われ、約束の御国に
入れられる、という救いの約束が聖書に
書かれています。

＜ヨハネ＞
イエスが選んだ12使徒のうちの一人で、一番年若く、イエスに特別愛された弟子。兄ヤコブとともにガリラヤ湖の元漁師で、行動的であり短気な性格だった。

＜トマス＞
イエスが選んだ12使徒のうちの一人で、イエスと一緒に死のう、と言う情熱がある半面、復活したイエス目撃証言を信じられず、釘の穴を見て指を入れないと信じません、と言うような慎重派で疑い深い性格。

＜ペテロ＞
イエスが選んだ12使徒のうちの一人で、イエスの、一番弟子と言われている。ガリラヤ湖の元漁師で、リーダー向きであり単純な性格だった。

＜ヤコブ＞
イエスが選んだ12使徒のうちの一人で、弟ヨハネとともに元漁師で、リーダー向きであり短気な性格だった。

＜イスカリオテのユダ＞
イエスが選んだ12使徒のうちの一人で、弟子たちのお金や人々からの献金を管理していたが、お金に目がくらんで繰り返し盗んでいた。期待したイエスの活躍が無かったので、ついに、銀貨30枚でイエスを売ってしまった。

<洗礼者ヨハネ>
聖書に預言された「主の道を備える者」
であり、荒野に住んでいて、ヨルダン川で
悔改めの洗礼を人々に行っていた。
旧約聖書、最後の預言者と言われている。

<マルタとマリヤとラザロ
姉のマルタと妹のマリヤと弟のラザロは
一緒に住んでいたが、イエスを神の人と
して尊敬し、家に招いて集会を行っていた。
マルタは、気配りの人でお世話好きな女性
で、マリヤは、純粋な信仰と単純な性格の
女性であり、ラザロは、イエスに愛された若
者でしたが、病気で死に墓に入れられ、
4日たって臭くなっていたところに、イエス
が来て祈ると生き返った。

<マリヤ>
イエスの母で、まだ男性
を知ることが無い若いと
きに、聖霊によって身ご
もりイエスを産んだ。
信仰的に純粋で、
決断と行動
において
勇気ある
女性
だった。

<マクダラのマリヤ>
イエスによって七つの悪霊を追い出して頂
き、イエスを命の恩人である神の人と信じ
ていた。忠実な信仰でイエス
に良く仕え、イエスの十字
架刑での死後、復活の
イエスと最初に
お会いした
女性。

<ニコデモ>
ユダヤ人の指導者で教師でありながら、イ
エスを罪に定めようとする仲間たちに抗
議し、イエスの死後には埋葬を手伝ったり
するような、イエスを神の人と信じる者で
あった。しかし、立場上、表立ってイエスを
神の人と告白することが出来なかった。

<祭司、大祭司>
祭司とは、イスラエルにおける神との関係を代表する人たちで、神が要求する清さや純潔を保ちつつ、神との契約関係を維持する働きをした。また、祭司たちの頂点に立つのが大祭司で、神の前に全イスラエルを代表した。しかし、イエスは祭司や大祭司たちを非難し、神への不信仰を責めた。

<律法学者>
聖書の律法を重んじ、伝統を守り言い伝えに熱心な学者たちで、働きとして学校や会堂で、また各家庭の子供たちへ律法教育をし、高い階級にいて強い影響力を持っていた。しかし、イエスは律法学者を非難し、神への不信仰を責めた。

<パリサイ人>
聖書の律法への服従を大切にするパリサイ派の人々で、身分はあまり高くなかったが、その指導者たちは、教師として会堂や学校で教えていた。彼らは、ユダヤ各地に多数いて、強い影響力を持っていた。しかし、イエスはパリサイ人を非難し、神への不信仰を責めた。

<ポンテオピラト>
　ローマ帝国支配下のユダヤにおける総督ですが、彼の妻が夢の中でイエスは正しい人と示されたことで、ユダヤ人たちのイエス死刑要求に対し、無罪を主張した。しかし、ユダヤ人たちの暴動を恐れて、イエスを十字架刑にしてしまった。

<１２弟子>
御国の福音を宣べ伝えさせるため、イエスに選ばれた１２人の弟子たちで、悪霊を追い出し病をいやす力と権威をイエスから与えられ、１２使徒と呼ばれていた。

著者　あとがき

世界最古の本が聖書…世界のベストセラーも聖書です！
その聖書の中から、ヨハネの福音書をフルカラーでマン
ガ化しました。
聖書に興味のある方、視覚から聖書世界に入ってみませんか？

「初めに、ことばがあった」「ことばは神であった」
　　　　　　　　ヨハネの福音書　1章1節

この「聖書の言葉をマンガ化」する事により、聖書世界に親しみ入りやすくなります。
「記憶に残る神の言葉」として、このフルカラー聖書マンガを用いていただければ
幸いです。
マンガでの視覚教材は、読書や聴覚教材よりも脳に訴える力が強く、理解度も一番
深いそうです。それを知った時に「聖書をマンガ化する事の大切さ」を痛感しました。

さとうまさこはイラストレーターをしており、漫画を描くタラントを神様から与え
られていましたが、日頃から積極的に作品作りに取り組む姿勢がありませんでした。
ところが2010年の春に「聖書をマンガ化して沢山の人々へ届ける」というビジョン
と情熱を神様から与えられ『劇画・天路歴程』を出版し、次いで『イエス最後の7日間』
『イエス・キリストの生誕』と描くことが出来ました。
そしてマンガ化する事は難しいとされている「ヨハネの福音書」が示されて、祈り
の内にインスピレーションが与えられ描きあげる事が出来ました。
この作品を通して世界の方々へ「生ける神の言葉である聖書」を伝えられたら幸い
です。全てを神様の栄光の為に用いていただければ嬉しいです。

日本には昔からマンガ文化がありますが、それを生かして聖書をマンガ化する事に
より、まだ聖書を知らない方々への福音のツールとして、この作品を用いて下されば
幸いです。
聖書マンガにより「聖書の言葉」を親しく身近に感じてもらいたいと思います。

作品を描くにあたり、限られた一日を、時には睡眠を削り、休みにも遊びに行かず引
きこもり、この作品を描きあげました。
また、この作品の制作で、コンピュータ・グラフィックの協力者であるモーゼス・
カジマさんが、画像処理や文字打込みを精力的にして下さいました、感謝致します。
私の主人の佐藤浩一も、原稿をコンピュータに取り込むなどの協力をしてくれ、皆
様の御協力を心から感謝します。

どんなに私が身を削って情熱を注いで作品を描きあげたとしても、必ずしも本を
出版出来るとは限りません。
神の恵みにより『新約聖書・ヨハネの福音書「キリストの言葉」』をマンガ化し出版
する事が出来たことを心から感謝致します！

全ての栄光を、創造主なる神様にお返し致します。
　　　　　　　　　　　　　　　　　　　　　　　　さとうまさこ

も　く　じ

1	ロゴス	………	1
2	洗礼者ヨハネの証言	………	8
3	伝道活動が始まる	………	15
4	最初のしるし	………	18
5	イエスの憤り	………	22
6	ニコデモとの対話	………	26
7	サマリアの女性	………	29
8	ガリラヤで二番目のしるし	………	36
9	ベテスダの池での病人のいやし	………	40
10	子なる神とは	………	44
11	5000人の食事	………	49
12	湖上を歩くイエス	………	55
13	いのちのパンであるイエス	………	58
14	仮庵の祭りに際して	………	64
15	姦淫の女性	………	71
16	世の光であるキリスト	………	77
17	生まれながらの盲人の癒し	………	84
18	良い牧者であるキリスト	………	95
19	ユダヤ人との論争	………	97
20	ラザロの死と復活	………	101
21	イエスの殺害計画	………	111
22	ナルドの香油	………	112
23	イエスのエルサレム入場	………	115
24	群衆への教え	………	118
25	弟子たちの足を洗う	………	125
26	父の家について	………	134
27	聖霊について	………	137
28	イエスの逮捕と裁判	………	149
29	十字架刑による死	………	193
30	復活のイエスと任命	………	198

新共同訳と新改訳に準拠し、聖書に忠実な
内容を保ちながら作成しました。

新約聖書　まんがヨハネの福音書
「キリストの言葉」

2020.9.1 初版

原案・絵	：	さとうまさこ
監修・発行	：	岡田昌弘
CPｸﾞﾗﾌｨｯｸ	：	モーゼス・ガジマ

聖書まんがミニストリー
販売元・キングダム出版

〒204-0022 東京都 清瀬市 松山 2-6-46
清瀬キングダムチャーチ内
Tel・Fax 042-495-8041

（宣教価格）
定価　　1000円　税別
著作権　さとうまさこ
https://sato-masako.com
ISBN 978-4-9908659-1-7